AF440329

UNION

ET

BON SENS.

UNION

ET

BON SENS,

PAR

LE CITOYEN **MARCHAL** FILS, D. M.

ADJOINT AU MAIRE DE NANCY.

(Vive la République !)

NANCY,

Imprimerie de HINZELIN et Comp., rue Saint-Dizier, 67.

1849.

AVANT-PROPOS.

Aujourd'hui, deux principes sont aux prises : le principe héréditaire et le principe électif ; en d'autres mots, la Monarchie et la Démocratie se partagent l'opinion ; des partis sans nombre, autour desquels flotte la nation sans adhésion forte ni solide, suivent les deux bannières ; la lice est ouverte ; les champions se présentent ; qu'il me soit permis de briguer l'honneur dangereux de militer en faveur de mes convictions. Plus fort, plus distingué que moi est déjà dans l'arène ; faut-il craindre de passer inaperçu dans cette foule d'hommes, braves et illustres, prêts à défendre les droits de l'humanité ? Non ; quoi qu'il arrive, il est assez beau de servir sa patrie, et on est heureux de penser qu'il y a au service de son pays des hommes, sinon plus dévoués à la sainte cause de la vérité, du moins plus favorisés qu'on ne l'est soi-même, par le nombre et la puissance des moyens et des facultés qu'ils ont à leur disposition.

Démocrates honnêtes, unissons nos efforts, n'ayons qu'un

but : le salut commun ; et puissions-nous, en dépouillant de leurs fausses couleurs les objets de nos craintes et de nos espérances, les montrer tels qu'ils sont en réalité ; fixer l'instabilité de nos jugements et déterminer nos volontés, non pas par des croyances que rien ne justifie ni des certitudes relatives, mais par la seule force de l'évidence !

Nancy, ce 6 mars 1849.

UNION

ET

BON SENS.

La République n'est pas encore assise, et déjà elle compte plus d'ennemis qu'on ne saurait le croire.

Longtemps encore, elle aura à souffrir de la ligue des intérêts coalisés contre elle.

Il est des gens qui ont beaucoup vu, et qui ne veulent rien apprendre ; chez eux, les habitudes, les préjugés, l'intérêt, les passions, toutes les causes de nos erreurs agissent incessamment ; ils sont fatalement précipités sur ce plan incliné que descend majestueusement le char du progrès, et la plupart aiment mieux se précipiter sous les roues du char que de subir la loi.

Est-ce notre faute ? est-ce la leur ?

Quand on est sourd à la vérité, aveugle à l'évidence, il n'y a pas de salut dans ce monde.

D'où vient que l'on voit de semblables anomalies intellectuelles ? c'est que le privilége tue la raison ; c'est que l'égoïsme étouffe l'intelligence, et ne nous permet, ni de comprendre, ni d'accèpter les belles lois qui nous gouvernent : lois que l'expérience et la raison nous enseignent ; vérités éternelles qui découlent de cette grande et première de toutes les vérités révélées à l'homme par l'univers entier : il est un Dieu !

Dès que Dieu existe, nous sommes forcés de reconnaître qu'il est doué de sublimes attributs : attributs d'intelligence, de puissance, d'indépendance, de liberté, d'immuabilité, d'éternité, de justice, de bonté et de miséricorde.

Leur application directe aux plans de l'univers, constitue la divine Providence, dont l'intervention, ici-bas, se fait sentir d'une manière si puissante ; c'est elle qui soumet la marche des mondes et des sociétés à ces belles lois genérales que nous sommes appelés à admirer et à respecter : lois qu'il faut subir, sous peine de se mettre en contradiction avec la nature elle-même, qui bientôt nous rappelle à l'ordre par des souffrances qui sont en raison de nos écarts.

A ce point de vue, notre premier devoir, et le seul moyen d'arriver à la vérité, c'est de ne chercher, dans les affaires bonnes ou mauvaises de ce monde, que l'expression de la Providence.

En agissant ainsi, nous verrons que nos maux proviennent le plus souvent de la mauvaise direction imprimée à nos facultés, et nous finirons par trouver, dans nos souffrances mêmes, un enseignement pour l'avenir.

Ce n'est pas le hasard qui gouverne le monde ; tout y est épreuve, punition, récompense ou prévoyance ;

Quand les évènements trompent nos prévisions, c'est que nous sommes dans l'erreur. N'accusons donc jamais la Providence ; cherchons l'explication de ce qui se passe, autour de nous, dans une plus juste interprétation des belles lois qui nous gouvernent.

Telles sont les grands principes qui doivent nous servir de point de départ ; nous tâcherons de mettre toujours notre argumentation en harmonie avec eux, et nous aurons pour but dans la suite de cette brochure :

1° De constater le mal ;

2° De remonter aux causes premières ;

3° De chercher, s'il y a moyen, de les détruire et d'emporter avec elles le mal qui en est l'effet direct.

Prenons donc les faits tels qu'ils sont, et disons :

Il y a, aujourd'hui, de grandes et nombreuses douleurs ; la société est sérieusement malade ; en quelques mots, tous les intérêts sont en souffrance.

Le mécontentement est général ; l'anarchie, dans les idées, complète ; la misère d'un grand nombre absolue.

Les causes du mal profond qui nous tourmente sont-elles inhérentes à la nature du sol, aux circonstances extérieures ou à l'esprit même des populations? Non.

Le sol de la France est riche ; ses produits variés et multiples ; la nature semble vouloir s'épuiser par sa fécondité, et protester contre le vertige qui s'est emparé des populations ; mais avec un hiver relativement favorable, avec toutes les richesses et le confortable de la vie en apparence à notre portée , nous n'en souffrons pas moins cruellement.

C'est donc la faute de la nation? Pas davantage ; le peuple français est un peuple bon, brave et intelligent!

S'il en est ainsi, les causes du mal sont alors accidentelles, et en cherchant bien , on peut espérer de les constater, et d'appeler l'attention sur les moyens qu'il y aurait à employer pour les détruire et empêcher la continuation ou le retour des maux et des misères qui en sont une si funeste conséquence.

C'est ce que nous allons essayer de faire.

Ce qu'il faut bien établir, c'est la véritable cause du mal, pour que toutes les forces vives de la France puissent se coaliser immédiatement contre elle ;

Quelles sont donc les véritables causes de la misère?

Ce sont, à première vue, la peur, la malveillance, l'esprit

de révolte qui provoquent une résultante unique ; le retrait des capitaux.

En effet, après une révolution, le corps social est comme le corps humain quand il relève de maladie, il entre en convalescence ; mais être en convalescence n'est pas encore être en santé ; c'est un acheminement vers le mieux, c'est un retour progressif des forces ; alors, il faut au corps social comme au corps humain des influences salutaires : de la gaîté, de l'ordre, de la confiance, autrement l'équilibre qui doit exister entre nos forces pour nous ramener à l'état normal ne peut se rétablir.

Si la peur, le désordre, la malveillance se substituent à la confiance, à l'ordre et à la bonne volonté nécessaires pour nous ramener de la convalescence à la santé, les besoins de la société ne peuvent être satisfaits ; et de même qu'il faut au corps humain l'intégrité de trois fonctions principales : la respiration, la circulation et la nutrition ; de même il faut à l'industrie, expression réelle des besoins matériels de la société, la libre action de trois fonctions : la production, la distribution, la consommation ; pour produire, il faut trois éléments : les talents, le travail, les capitaux ; si l'un d'eux fait défaut, rien ne marche ; ainsi, dès que les capitaux, par exemple, viennent, par un effet de peur, de défiance ou de malveillance, à être retirés de la circulation et enlevés aux marchés et aux entrepreneurs, les fonctions les plus importantes du corps social cessent spontanément ; il n'y a plus de circulation, partant, plus de nutrition ; le fabricant ne trouvant plus à placer ses produits arrête la fabrication ; l'ouvrier sans travail ne touche plus de salaire ; il y a stagnation dans la vie sociale ; c'est comme si on arrêtait sur un individu les battements de son cœur, il y aurait immédiatement suspension de la vie.

C'est un tel état qu'il faut combattre de toutes nos forces.

Voyons alors si la peur, l'esprit de révolte et la malveillance sont des éléments essentiels ou purement accidentels de notre nouvelle organisation ; cherchons les causes de ces éléments :

En premier lieu, nous trouverons la cause de la peur dans l'ignorance où l'on est de l'avenir ; dans le peu de confiance que l'on a dans le gouvernement actuel.

L'ignorance se transforme en peur. — Quant à la malveillance ou à l'oppositon systématique que les ennemis de la République font au progrès, en lui opposant une force d'inertie invincible, elle croît, en raison directe, du malaise des populations et elle s'appuie sur l'ignorance des masses ; on espère, en substituant les sophismes à la vérité, rendre la République responsable de maux réels, mais dont elle est fort innocente ; et on pense, à un jour donné, quand la France populaire sera haletante, et la France administrative reconstituée sur ses anciennes bases, amener le sacrifice des libertés du pays, par le pays : sacrifice impuissant et honteux ; souvent les populations s'imaginent en le faisant, ramener le bien-être et la prospérité ; vain espoir de la part des peuples ! Sans liberté, point d'avenir pour eux ; malheureusement, la souffrance ne raisonne pas, rien ne coûte tant à l'esprit humain, que de demeurer indéterminé sur la cause de son mal, ou d'en reconnaître, en soi, le premier auteur ; on aime mieux l'attribuer, ou à ce qui est arrivé avant l'effet sans y avoir aucun rapport, ou à ce qui arrive en même temps et qui n'a aucune liaison avec cet effet ; c'est ce qu'on appelle : *post hoc* ou *cum hoc*, *ergò propter hoc* ; et c'est en vertu de ce sophisme qu'on a dit : nous sommes malheureux en République ; donc, la République est la cause de nos maux.

Ainsi, la malveillance est, elle même, un effet de l'ignorance des masses rurales, dont la réaction abuse pour rendre la République responsable de toutes nos infortunes. Quant à l'esprit de révolte, il est entretenu par des souffrances véritables, par l'ignorance des masses ouvrières des villes, que des doctrines absurdes et coupables exploitent au profit de l'anarchie, en égarant les esprits, en trompant le cœur, et en y plantant le démon de la cupidité ; on n'a fait que substituer le levier de l'intérêt personnel appuyé sur la force brutale, au levier de la corruption appuyé sur l'intérêt personnel. L'esprit de révolte est donc aussi un effet de l'ignorance ; de plus, la peur, la malveillance et l'esprit de révolte s'engendrent mutuellement.

La peur excite la malveillance et l'esprit de révolte ; la malveillance occasionne l'esprit de révolte et la peur ; l'esprit de révolte, à son tour, est une cause permanente de peur et de malveillance ; mais chacune de ces causes de malaise a, je le répète, un générateur commun : l'ignorance.

Les uns se méprennent sur les vues de la Providence, les autres les nient.

En dernière analyse, l'ignorance est donc la source unique de nos maux ? Rien n'est plus vrai ; ce n'est pas une hypothèse gratuite, c'est une induction puissante, rationnelle, logique et basée sur un nombre de faits suffisant pour la légitimer.

Quels sont les résultats directs de l'ignorance ?

La division ;

La cupidité ;

La division, qui nous livre au plus adroit, à l'autocratie du hasard, à ces partis organes faussés et personnels d'un pays ; la nation, si elle est éclairée, n'a pas besoin d'eux, elle doit même répudier toute solidarité d'action avec eux ; qui dit parti ne dit pas la nation ; la nation n'est ni légitimiste, ni socialiste, ni anarchiste, ce n'est pas non plus la coterie de tel ou tel journal ; la nation est elle-même ; elle subit les partis parce qu'elle est ignorante. L'éclairer, c'est donc l'émanciper, lui permettre d'exercer véritablement sa souveraineté, et nous sauver en sauvant le pays.

Quant à la cupidité, autre effet de l'ignorance, c'est elle qui plante, dans le cœur de l'homme, l'égoïsme le plus exclusif, l'individualisme le plus exalté ; elle permet aux gouvernements d'appuyer leur politique sur l'intérêt et non plus sur le droit ; elle nous arme les uns contre les autres, nous divise, permet aux tyrans de régner et prépare les ruines.

Ainsi, la division et la cupidité, filles de l'ignorance, avec la peur, l'esprit de révolte et la malveillance, qui font partie de son cortége, voilà les causes les plus ordinaires de nos maux, causes qui ont une souche commune : l'ignorance.

Si l'ignorance est une cause première de nos maux, que faut-il faire? nous éclairer; la marche à suivre, c'est :

De rendre les principes évidents, de les dégager des hommes qui les compromettent, des partis qui les faussent, et, comme conséquence naturelle, de nous mettre d'accord ; en agissant ainsi, nous émanciperons la nation en la rendant capable de juger, par elle-même, de ce qui est bon, mauvais, juste, in-juste, de ce qui dépend de nous, de ce qui n'en dépend pas, de la valeur politique de deux principes qui sont, aujourd'hui, en présence et en lutte : le principe monarchique et le principe démocratique. Alors, nous assurerons la souveraineté du peuple en lui permettant d'être logique, et nous ferons cesser cette cruelle indécision qui règne dans les esprits et qui les em-pêche de se rallier à l'un ou à l'autre de ces principes, et devient, par cela même, une source de maux infinis ; imprimer une telle direction à nos travaux ne serait-ce pas rendre service au pays, l'affranchir réellement? Si nous réussissons, dans le premier but que nous nous proposons, qui est de démontrer jusqu'à l'évidence que le principe démocratique est destiné à féconder l'avenir, et de plus, est le seul qui nous promette une marche progressive et pacifique, nous en aurons atteint un autre, c'est-à-dire, que nous aurons rallié la nation à une grande idée, aux applications de laquelle elle s'abandonnerait, alors, avec cet instinct admirable d'ordre et d'unité qui gouverne les masses; la nation sera véritablement affranchie, et les partis, cette source inépuisable de maux, de divisions et d'instabilité n'existeront plus ; voilà le but où nous devons tendre; courage, confiance, ne désespérons jamais de l'avenir, et croyons bien que les hon-nêtes gens ne connaissent pas toute leur force.

Vous supposez donc, me dira-t-on, que les hommes de bon sens et de cœur sont en majorité et qu'ils se dirigeront vers un seul but, s'il leur est prouvé que ce but est celui où les appelle réellement leurs destinées ? Sans doute.

S'il fallait croire qu'à une époque quelconque, la majorité de la société a jamais été composée de sots ou d'individualités criminelles ; s'il fallait s'imaginer que le bon sens et l'honnêteté générales ont, pour un instant, cessé de faire la loi dans ce monde, ou qu'à leur défaut, il n'y a pas eu, immédiatement, intervention de la Providence dans les circonstances critiques ; les sociétés n'existeraient déjà plus depuis long-temps ; l'état sauvage, lui-même, aurait disparu de la surface du globe ; il y aurait eu partout destruction des êtres, et la terre ne serait qu'un immense désert que le mouvement éternel entraînerait silencieusement dans l'espace !

Reprenons : L'ignorance, avons-nous dit, est la mère de nos maux ; le mal se perpétue faute de nous entendre ; la masse égarée est à la remorque des partis, toujours prête à suivre ceux qui savent le mieux la flatter. Sous les gouvernements monarchiques, les partis sont nécessaires, le peuple n'existe que par eux ; mais quand la souveraineté populaire est proclamée, les partis ne doivent plus exister ou ils compromettent l'avenir.

Sous les gouvernements monarchiques, les partis deviennent souvent des instruments providentiels, ils sont destinés à faire justice des abus de cette sorte de gouvernement, et selon qu'ils saisissent plus ou moins bien l'opportunité d'action, on voit s'opérer, sous leur direction, des crises plus ou moins radicales, selon qu'il y a insurrection ou révolution.

Sous une République, les partis deviennent des brandons de discorde, des expressions fausses, désordonnées, des superfétations, en quelques mots, ils ont vécu : la Nation, appelée à se gouverner elle-même, doit se soustraire à leur action ; pour cela, il lui faut un signe de ralliement, un mot d'ordre ; son instinct l'a déjà merveilleusement servie dans les dernières élections ; pour être forte, elle s'est ralliée à un nom. — Mais ce n'est pas à un nom que l'unité Nationale doit se rallier ; c'est à une idée, aux principes ; le peuple ne l'a pas fait ; le pouvait-il ? Non ; il souffrait et on l'avait abusé, honteusement trompé ; son vote toutefois n'est pas comme on cherche à le faire croire, une protestation contre la République : c'est l'expression énergique de nombreuses souffrances et d'un mécontentement général.

Aussi, aujourd'hui plus que jamais, il faut nous entendre ; si nous pouvons faire cesser la division qui règne dans les esprits, et porter la majorité sur celui des deux principes qui a l'avenir pour lui, la France est sauvée ; l'unité Nationale constituée ; du même coup, on rassure les peureux et on paralyse la mauvaise volonté de la réaction ; les doctrines sauvages et absurdes sont confondues ; les honnêtes gens les plus forts ; les partis exclusifs exclus ; le Peuple devient réellement souverain ; le crédit, brutalement étouffé, commence à respirer ; les ateliers s'ouvrent ; l'ouvrage reprend, et la France renaît à la splendeur et à la prospérité.

Pour cela, il faut démontrer jusqu'à l'évidence que le principe démocratique est, par la marche même des choses, le seul applicable, et que le gouvernement républicain, son expression politique, est le meilleur de tous.

Et d'abord, quel est le meilleur gouvernement ? Le meilleur des gouvernements n'est pas celui où une liberté aveugle dégénère souvent en licence ; c'est celui où une liberté intelligente permet aux facultés de l'homme de s'exercer de manière à concilier tous les intérêts et à entretenir le crédit de l'Etat, la confiance dans l'avenir et dans la stabilité des institutions ; il y a, alors, sécurité pour tous ; il y a de la liberté et de plus il y a de l'ordre. La liberté est-elle possible sans ordre ? Non ; l'ordre, vous le savez, est une condition vitale de toute société ; point d'ordre, c'est le chaos ; aussi, l'instinct de la vie pousse, quelquefois, les populations à sacrifier leurs libertés à l'ordre ; elles savent que l'anarchie les tue, et veulent à tout prix en sortir.

S'il en est ainsi, l'ordre est donc possible sans la liberté ? Sans doute, accidentellement.

On en a des exemples sous les gouvernements absolus.

D'où vient donc que l'ordre est troublé, aussi, sous ces gouvernements ?

C'est que l'ordre qui est la sauve-garde des libertés, le salut des sociétés, l'ordre n'est pas tout : il n'est pas le commencement de toutes choses ; sous son influence, il est vrai , le crédit renait ; les capitaux circulent ; les fonctions matérielles s'accomplissent plus ou moins bien ; mais, je le répète, l'ordre n'est pas tout ; il y a quelque chose au-dessus de lui ; l'ordre est une résultante, un effet ; l'ordre, (1) dans le corps social, c'est comme la santé dans le corps humain , et pour que le corps humain soit en santé, il faut qu'il y ait équilibre entre nos forces; de même, pour qu'il y ait de l'ordre sous tel ou tel gouvernement, il faut, avant tout, que ce gouvernement respecte les éléments vifs de la société, les satisfasse, reconnaisse les justes rapports qui existent entre nos facultés et nos besoins, et qu'il établisse, entre nos forces, cet équilibre dont l'ordre n'est que l'expression plus ou moins sincère ; il faut, pour cela, un gouvernement honnête, intelligent, qui connaisse et respecte les lois générales qui nous gouvernent; car, c'est à une libre observation des sacrifices ou des modifications que ces dernières nous imposent que l'ordre ou la santé des gouvernements se maintient, et passe de générations en générations , par la seule tradition des bons principes et sans ces crises qui mettent le plus souvent l'existence des sociétés à deux doigts de leur perte.

En effet, si ces lois ne sont pas observées, l'ordre devient impossible, au bout d'un certain temps; comme la santé ne saurait persister chez un individu, quelle que soit l'énergie de sa constitution, dès qu'il néglige obstinément l'observation des grandes lois d'hygiène qui maintiennent l'équilibre entre les forces constitutives de l'agrégat vivant.

L'équilibre rompu, les fonctions s'altèrent ; les sources de la vie s'empoisonnent ; des principes nuisibles s'organisent au sein de l'économie ; la nature, alors, fait surgir certains phénomènes, tels que : la fièvre, la douleur, etc., les uns sont des sentinelles qui nous préviennent des dangers que nous courons ; les autres

(1) En grand, c'est comme dans le système des Mondes ; avant l'ordre dans la création, il y a eu le mouvement et la gravitation ; sans ces lois, le chaos persiste ; l'ordre n'est donc qu'un effet dû à la libre action de ces lois.

des forces que la nature met à notre disposition pour combattre le mal.

De même, si l'équilibre du corps social n'est pas respecté, quand, par exemple, le souffle délétère d'un gouvernement corrompu et absolu finit par jeter dans tous les rangs une influence terrible qui mine l'édifice social jusque dans ses bases ; l'ordre devient fictif ; la Providence fait, alors, surgir certains phénomènes dont l'ensemble constitue une révolution.

Il faut donc bien établir que le corps social, comme le corps de l'individu, est soumis à de certaines irrégularités, à des mouvements d'ensemble, à de véritables actes synergiques qui ont pour but de nous débarrasser de quelques principes morbides, d'éléments malsains qui seraient de nature à compromettre l'existence, s'ils restaient plus longtemps dans l'économie.

Un tel mouvement s'appelle une crise en médecine, et une révolution en politique ; la crise est appelée à juger le mal dans le corps humain, et la révolution agit de même dans le corps social ; ce sont tous deux des mouvements heureux et providentiels qu'il faut respecter et qui ont pour but l'élimination du mal et le retour à la santé du corps ou au bien-être de la société ; ils ont toujours lieu quand les conditions d'équilibre qui doivent exister entre nos forces ne sont pas respectées.

Ainsi, nous le voyons, pour qu'il y ait de l'ordre il ne faut pas tel ou tel gouvernement ; mais il faut, avant tout, que ce gouvernement respecte les lois générales qui nous gouvernent ; avant l'ordre, passe donc le respect des lois générales.

S'il en est ainsi, la question n'est pas quel est celui de deux gouvernements qui maintient le mieux l'ordre ? Mais quel est celui qui respecte, le plus religieusement, les lois générales des sociétés, et qui comprend le mieux la marche de l'humanité ? A ce gouvernement seul appartient l'avenir, et avec lui, nous aurons l'ordre et la liberté, et pas l'un sans l'autre. Quel est, alors, le gouvernement le mieux en situation de satisfaire à ces conditions vitales de toute société ?

Est-ce le gouvernement monarchique ?

Est-ce le gouvernement démocratique ?

En d'autres mots :

Est-ce un pouvoir héréditaire, ou un pouvoir électif ?

Sous laquelle de ces deux formes, verrons-nous l'ordre régner, et la liberté gouverner ? Ce ne sont pas, ici, des hypothèses qu'il faut bâtir en l'air ; cherchons des faits ; mais, avant tout, établissons en principe : qu'il y a des droits et des devoirs antérieurs et supérieurs à tous les gouvernements qui ne sont appelés qu'à en favoriser le développement et les applications fécondes.

C'est en raison de ces faits providentiels et primordiaux que le gouvernement intervient ; le gouvernement est donc une convention d'origine humaine ; le fait antérieur et primordial est, au contraire, un principe, une loi éternelle et générale : c'est pourquoi, si nous voulons revenir avec intelligence sur le passé, comprendre le présent et voir dans l'avenir, nous admettrons : qu'une intelligence suprême préside aux destinées du monde , et que l'application de ses attributs, aux plans de l'univers , constitue la divine Providence qui soumet la marche des sociétés à des lois générales.

« Ainsi, au-dessus des règles que les hommes sont libres d'imposer aux développements des sociétés, subsistent des lois primitives qui en déterminent les parties fondamentales ; et ces lois produisent des faits qui, non moins immuables que les sources éternelles dont ils dérivent, demeurent les mêmes à tous les âges de la civilisation et sont des conséquences nécessaires de la constitution de l'homme. » (1)

Parmi ces lois (2) dont la constance et l'universalité attestent le caractère providentiel, il en est trois, surtout, qui dominent toutes les autres. Leur action est évidente : ce sont les lois de *solidarité* , *d'inégalité* et de *perfectibilité* ou de progrès.

(1) Lamennais.

(2) Parmi les lois qui gouvernent l'humanité, les unes passent du corps humain au corps social, les autres du monde physique au monde moral. La nature aime à employer la plus grande simplicité de moyens possible.

LOI DE SOLIDARITÉ (1).

Le corps humain se compose d'éléments nombreux, et divers ;
ils ont, entre eux, cette liaison qui forme l'unité vitale : c'est-à-
dire que toutes les molécules constitutives de l'agrégat vivant,
sont affectées par tout ce qui peut intéresser, en bien ou en mal,
une ou plusieurs d'entre elles.

En effet, la vie est une ; les tissus sont variés ; les organes
multiples ; de leur réunion, sous forme d'organisation, résultent,
une vie générale, unitaire, harmonique, et une série de vies par-
ticulières ou fonctionnelles qui sont indépendantes, mais jusqu'à
un certain point seulement et dans de certaines limites, de la
vie générale :

C'est ce qu'on appelle *le consensus unus* ou la loi de solidarité.

Il en est de même pour le corps social ; cette belle loi passe
de l'individu à la société : elle veut, que nous souffrions les uns
pour les autres, que nous appliquions le précepte évangélique :
Aimons-nous les uns les autres ; l'intérêt général ne peut se sé-
parer de l'intérêt de chacun ; vouloir le bonheur d'autrui c'est,
n'en doutons pas, pour tout homme désintéressé dans la question, vouloir le sien ; les intérêts particuliers doivent devenir de
plus en plus solidaires des intérêts généraux qu'ils tentent à
absorber aujourd'hui ; cette loi nous impose : l'*Abnégation*, la
Justice, la *Charité*, et prend pour devise : *secourir, instruire,
moraliser*. Travaillons donc les uns pour les autres, mais n'établissons point de catégories parmi nous ; qu'est-ce qu'un peuple ?
Sinon la nation entière ; sans propriété, point de travail ; sans
travail, point d'industrie ; sans industrie, point d'ouvrage, et
sans ouvrage, les ouvriers meurent de faim. Il est donc de
l'intérêt commun d'organiser au plus tôt des conditions d'ordre

(1) En raison de cette loi, chaque partie, dans les corps organisés, dépend l'une de l'autre, et les guerres livrées à l'industrie des particuliers et des
autres peuples paraîtront d'autant plus injustes qu'on deviendra plus instruit.
(J. B. Say.)

et de tranquillité nécessaires à tous, à ceux qui possèdent, comme à ceux qui n'ont rien, aux riches et aux pauvres, et plus encore aux pauvres qu'aux riches; en effet, que les classes moyennes et supérieures souffrent; le commerce languit, l'industrie souffre et murmure, les banqueroutes se multiplient, les monts-de-piété regorgent, les économies s'épuisent, le travail cesse et le peuple meurt..... meurt de misère. Tant il est vrai, que l'on ne peut échapper à la loi de solidarité, à cette grande loi du *consensus unus* qui passe de l'individu à la société, loi invariable qui range toutes les classes sous son inflexible niveau.

LOI D'INÉGALITÉ.

L'inégalité est aussi une des lois de ce monde; santé, facultés intellectuelles, richesses, tous ces avantages sont distribués aux hommes par la nature et le sort avec plus ou moins de partialité.

Partout, la diversité et l'inégalité naissent et se maintiennent au milieu des révolutions, et en dépit des théories; proclamer un droit égal au bonheur, et l'égalité des facultés et des situations, c'est proclamer une hérésie; c'est s'imaginer que l'ordre social est le fruit de combinaisons purement artificielles; c'est une erreur profonde; car, il est évident que des causes diverses et nombreuses travaillent, sans cesse, à différencier les conditions et les fortunes; la première et la principale, c'est la disparité de qualités natives; la nature ne dispense pas ses dons d'une main impartiale; elle a ses élus et ses délaissés; il y a des forts et des faibles, de corps comme d'esprit.

A cette cause première, s'en joignent d'autres :

Les accidents qui n'épargnent personne, et contre lesquels, il n'est rien d'assuré : ni vie, ni réputation, ni fortune.

L'égalité n'est donc pas dans les facultés, ni dans les situations des hommes; mais dans la loi, dans le fait primordial qui pèse sur tous également, et dans la mort qui ne fait grâce à personne.

L'égalité est dans les faits primordiaux;

L'inégalité dans les conditions et les facultés ;

Il faut pour arriver au développement de l'humanité, la diversité des penchants, des goûts et des occupations ; il faut aussi l'inégalité des forces et des facultés ; c'est l'aiguillon qui pousse l'homme à chercher à se produire avec le moins de désavantage possible dans une autre carrière que celle où il est surpassé.

Avec cette inégalité, vous obtenez la diversité des travaux, et avec ceux-ci, vous provoquez les conquêtes de l'homme sur le monde extérieur, et vous préparez à l'humanité un avenir incessamment meilleur ; de même, sans l'inégalité des richesses, sans l'épargne, sans les capitaux, il n'y a pas d'industrie, et pour qu'il y ait des capitaux, c'est-à-dire des épargnes, il faut, avant tout, qu'il y ait diversité et inégalité dans les richesses ; car les capitaux sont le fruit d'économies réalisées et destinées à servir à la reproduction, et il n'y a que ceux qui ont au-delà du nécessaire qui peuvent en amasser ; ainsi, nous sommes encore certains que l'inégalité est un fait primitif, une loi primordiale ; qu'elle s'exerce au profit de l'humanité, et que la méconnaître, c'est s'exposer à se mettre en contradiction avec la nature ; en d'autres mots, c'est s'exposer et exposer les sociétés à de longues et cruelles souffrances.

LOI DE PROGRÈS.

Nous arrivons en troisième et dernier lieu à la loi de progrès.

Point de blasphèmes ! Tout dans les révolutions des empires a été progrès ou nécessaire à un progrès.

Nous voyons les inégalités de droits s'effacer successivement ; l'affranchissement des esclaves, des femmes, l'émancipation des peuples, tout tend à l'égalité de droits par la fraternité et la liberté.

Fusion des patois, des langues, unité de croyance : voilà le but vers lequel nous nous dirigeons instinctivement. Dieu le veut : *Diex el volt ;* aujourd'hui comme au temps des croisades il ne veut faire du genre humain qu'une famille ; il le veut par la marche progressive de l'esprit humain ; tout ce qui s'y oppose, est contraire à la loi, le char du progrès l'écrasera !

Les individus meurent, mais l'espèce résiste, et marche de

conquétes en conquêtes et de progrès en progrès : c'est cette unité psycologique immortelle et incessamment progressive, qui a fait conquérir à l'homme, en se les appropriant, les créatures qui partageaient, avec lui, l'empire du sol ; ce sol, lui-même, qu'il foule aux pieds et qu'il fertilise, et l'atmosphère qui l'environne de toutes parts.

La domesticité d'un grand nombre d'animaux, les produits industriels, ceux de l'agriculture, les applications des forces naturelles : des vents, de la vapeur, des cours d'eau sont les témoins irrécusables de ses conquêtes sur la nature.

Qui sait où ce mouvement s'arrêtera ? Qui peut deviner les dernières limites posées à l'esprit humain par le créateur qui nous l'a donné en nous disant : En avant, toujours en avant.

En vertu de cette loi, les arts ont produit des chefs-d'œuvre ; les sciences ont augmenté le trésor des connaissances humaines, et facilité considérablement les conquêtes de l'homme sur le monde extérieur.

Grâce aux progrès toujours croissants de l'industrie, les conditions matérielles des classes inférieures, se sont de plus en plus améliorées, et le cercle de ceux qui sont appelés à jouir des bienfaits de l'instruction et des plaisirs des arts s'est incessamment élargi.

Telle est la loi que nous sommes appelés à subir ; loi de progrès qu'il serait aussi insensé de combattre, qu'il le serait de vouloir la forcer dans sa marche : cette marche est généralement lente, souvent insensible, logique toujours. C'est ne pas la comprendre, c'est la méconnaître que de vouloir imprimer des tendances subversives et anarchiques aux réformes sociales.

Cette loi est une des plus belles applications des attributs de la divinité aux plans de l'univers ; ne pas l'admettre, c'est nier Dieu. Cette loi, bien comprise et défendue d'une manière intelligente, doit préparer insensiblement le véritable règne de la souveraineté populaire.

L'humanité ne marche pas, comme quelques-uns le prétendent, dans un cycle fatal de misères qui se renouvellent à chaque époque ;

Les hommes, il est vrai, ne changent pas leur nature, mais ils la modifient ; les événements se reproduisent à peu près les mêmes, mais ils ne sont pas identiques : la ressemblance n'est qu'apparente, et quoique les sociétés semblent tourner dans un cercle vicieux, il y a progrès : leur marche est celle de ces mondes qui tournent sur eux-mêmes en gagnant incessamment dans l'espace !

Telles sont les trois principales lois qui n'ont cessé d'exercer une action permanente sur les sociétés depuis qu'elles existent ; les gouvernements n'ont été que des instruments providentiels qui ont rendu les applications de ces lois plus ou moins faciles, plus ou moins douloureuses, selon qu'ils ont plus ou moins bien compris leurs destinées.

Interrogeons l'histoire, nous verrons qu'au milieu des bouleversements des empires, il y a une unité de vues de la Providence qui découle de la nature même des faits ; on voit qu'elle destine aux races humaines l'exploitation du globe, une éducation progressive, et, dans un avenir plus ou moins éloigné, le règne de la République universelle. (1)

C'est pour arriver à ce but que les sociétés marchent de transformation en transformation ; la grandeur et la décadence des gouvernements sont aussi providentielles l'une que l'autre ; dès qu'un gouvernement, quel qu'il soit, a accompli sa mission, il doit faire place à un autre, et ce changement s'opère pacifique-

______

(1) Les libertés humaines et les facultés de l'homme se développent successivement, avec une direction unique qui rend de plus en plus les intérêts de chacun solidaires de l'intérêt de tous, et qui tend par conséquent à faire prédominer l'intérêt général sur l'intérêt particulier, et apporte une amélioration progressive dans les conditions sociales selon la loi de perfectibilité qui ne va que plus sûrement à son but quand elle respecte les deux autres lois de solidarité et d'inégalité qui nous gouvernent.

ment ou s'accompagne de crises et de révolutions d'autant plus terribles que la résistance au progrès et à la transformation est plus prononcée.

Mais, je le répète, chaque gouvernement a été, à son tour, providentiel, tant que l'action qu'il devait exercer sur les sociétés était nécessaire ; cette action une fois inutile, la forme du gouvernement qui la favorisait est, alors, devenu pour le corps social un abus, un principe morbide dont des mouvements providentiels et plus ou moins violents, en raison des résistances, ont fait immédiatement justice : ce sont les révolutions des empires. C'est ainsi que lorsque en France l'élément barbare et féodal que le christianisme s'était assimilé, fut devenu impuissant pour réaliser les vues ultérieures de la Providence, les grands hommes aidés des populations unirent leurs efforts pour absorber cet élément au profit du pouvoir absolu ; aussi, à son début, la politique royale, instinctivement humanitaire, a vû grandir, sous son égide, la liberté et le progrès ; plus tard, par une fatalité à laquelle nous ne pouvons nous soustraire, par la marche même des choses qui est de substituer la souveraineté populaire au pouvoir absolu, en passant par des transitions plus ou moins brusques, des crises plus ou moins effroyables, nous avons vu cette institution : le pouvoir absolu détourné de son but ; les lois générales oubliées ; les abus et les privilèges substitués au juste et au saint ; l'histoire des rois est, alors, réellement devenu le martyrologe des peuples ; c'est que l'heure était sonnée, c'est qu'il ne devait plus être donné à un seul homme de diriger l'humanité à laquelle Dieu disait : Lève-toi, et gouverne par toi-même. — Il est temps !

Il résulte de cet aperçu sur l'histoire des temps passés, qu'avec un pouvoir héréditaire, nous aurions, aujourd'hui, la négation des lois générales et éternelles qui nous gouvernent, des instincts rétrogrades, des tendances absolues, des barrières, point d'issues, une politique appuyée sur l'intérêt, cherchant la solution d'embarras nombreux dans Machiavel et Loyala, et prenant pour levier, l'ignorance et la cupidité ; à la suite de tant d'abus, nous aurions à souffrir de révolutions nombreuses destinées à faire justice de ces mauvais gouvernements et l'humanité marcherait de chute en chute et de cataclysme en cataclysme, ce qui est d'autant plus déplorable que c'est le plus grand nombre qui en souffre.

Mais gouverner c'est choisir, me dit-on, et comment appliquerez-vous le principe électif? le peuple ne sait pas choisir ; c'est une erreur, le peuple sait, d'autant mieux choisir, qu'il se rapproche davantage de la nature, que les besoins artificiels et les idées fausses n'ont pas perverti son jugement, que son instinct est plus vigoureux ; l'esprit public ni le bon-sens ne lui manquent ; seulement, le peuple épuisé par la misère, travaillé par les partis est accessible à l'erreur ; mais son instinct est bon, son jugement sain, son instruction politique à faire ; — je vous attendais là ; il faut donc que cette éducation soit faite avant de reconnaître sa souveraineté ? C'est impossible, parce que son éducation ne commence qu'avec sa souveraineté ; tout autre gouvernement, que le gouvernement républicain, la lui contesterait. Au reste, cette éducation est facile, elle se résume en deux mots : droits et devoirs. Le devoir doit régner d'abord, c'est le respect des lois morales et politiques.

Le droit ne gouverne qu'après ; le devoir, c'est le respect des lois éternelles *qui nous gouvernent*. Lois de progrès et de solidarité avec variété et inégalité dans les conditions, avec la propriété, le travail et la famille pour bases, l'ordre et la prospérité pour résultats.

En marchant de déductions en déductions, nous verrons que sans travail, il n'y a rien ;

Sans capitaux, point de travail ;

Sans crédit, point de capitaux ;

Sans ordre, point de crédit ;

Sans gouvernement progressif et démocratique, point d'ordre.

Il faut que le gouvernement respecte les lois de progrès et de solidarité, et une constitution faite à l'image de l'homme, et qui renferme, en elle, des germes de guérison et de réparation.

Tout gouvernement héréditaire, absolu, soumis à des instincts rétrogrades, et ne comprenant pas la marche des sociétés, mettra toujours les besoins de l'homme en contradiction avec ses facultés, et sera, alors, une cause incessante de troubles, de désordres et de malheurs pour le peuple.

La marche de l'humanité est un progrès continu. Cette marche peut et doit même être pacifique ; mais le plus souvent, le progrès est la résultante des opinions les plus diverses, de conflits de pouvoirs, de luttes souvent atroces, de forces extrêmes et opposées mais qui, en définitive, tendent vers un but unique, et ce but est encore un progrès. C'est, alors, que la providence tire le bien de tout, même du mal.

Si le peuple, qui subit de pareilles convulsions, se méprend sur son instinct et fait de mauvais choix, à l'instant, la douleur le sollicite vers un nouveau changement ; les révolutions, les crises recommencent, et c'est ce qu'il faut éviter, à tout prix, en imprimant au suffrage universel une sage direction.

Qu'on ne se le dissimule pas, les peuples, désormais, sont destinés à être les agents directs de leur bonheur et sont, à leur tour, devenus des instruments providentiels.

La base des sociétés nouvelles, c'est l'organisation politique de la commune ; c'est l'application rationnelle du principe électif qu'il faut soustraire aux mauvaises influences des partis, des coteries, et soumettre à une marche saine, logique, en allant du connu à l'inconnu.

Calquons, autant que possible, notre nouvelle organisation politique sur celle du corps humain ; la société doit être faite à l'image de l'individu ; or, l'individu est un ; l'homme est un gouvernement. Que notre souveraineté à l'image de la sienne ne soit pas divisée — : la souveraineté d'un peuple peut se déléguer, mais elle ne doit jamais se diviser ni se transformer ou elle se perd, et de même qu'il n'y a pas deux pouvoirs égaux dans l'homme, de même il ne doit pas en exister deux également forts dans une société bien organisée.

En acceptant ces vérités, l'unité nationale est constituée ;

l'homme est réellement libre et la nature préside d'une manière intelligente, éclairée et pacifique aux destinées des peuples.

Qu'avons-nous de mieux à faire que de nous rendre à l'évidence ? prenons pour juge de nos actions, le bon-sens; pour levier, la volonté; pour guide, la conscience; et le règne de la démocratie sera assuré, la volonté de Dieu sera faite !

Il ne faut pas se le dissimuler, les réformes sont devenues nécessaires; les populations demandent impérieusement à voir leur charges allégées.

Un gouvernement républicain seul pourra, en diminuant les dépenses de l'Etat, diminuer d'autant le budget des recettes.

Aussi, nous regardons la cause de la République comme intimement liée à celle du progrès qui est la loi providentielle des sociétés. Ce n'est ni le désordre ni le hasard qui gouvernent le monde; mais le progrès est lent et difficile, l'abnégation rare, le civisme mal compris, l'esprit public mal dirigé; sans doute, l'absurde n'est pas à craindre, il ne peut rien consolider, mais il peut entraîner des masses dont vous avez refusé de prendre la direction en perdant le caractère moral que la Providence avait remis entre vos mains, à condition de faire le bien, et de savoir et surtout de vouloir faire en temps et lieu, les sacrifices nécessaires.

Faute de vous et accidentellement, l'absurde sert de véhicule à un progrès, nous conduit à un but rationnel et force ces sacrifices dont vous avez refusé l'initiative; en effet, dès qu'une classe arrive au pouvoir, elle doit protéger et moraliser les autres classes, et de plus, leur ouvrir l'entrée du cercle quand le temps est venu; si elle se refuse à ces obligations, si pendant son passage au pouvoir, elle ne prêche pas d'exemple et ne prend pas pour règle l'abnégation; si, quand il y a opportunité, elle refuse l'initiative du progrès et recule devant les sacrifices nécessaires; alors, Dieu permet d'affreux malheurs; des hommes indignes, instruments puissants et aveugles entre ses mains, servent sans le vouloir, souvent même sans s'en douter, la cause du progrès, et arrachent de vive force des améliorations que des classes égoïstes refusaient à la nécessité des temps. Voilà les malheurs qu'il faut prévenir.

Espérons donc que les classes libérales et aisées comprendront la hauteur de leur mission ; qu'elles rendront l'avenir moins lourd aux classes prolétaires, et s'efforceront, avec dévouement, de les rendre dignes des améliorations réelles qu'il faut apporter à leur situation.

Un gouvernement à bon marché et une active intervention de la part des gens honnêtes et éclairés dans le développement de l'intelligence et du moral des masses :

Voilà ce qu'il nous faut avant tout, et il le faut.

Plus de fonds secrets, de gratifications non méritées, de pensions occultes, de marchés scandaleux, de sinécures, de monopoles, de gros traitements.

Que le budget soit publiquement et loyalement établi ; que ce soit un budget républicain ; que le nom emporte la chose, et que le dernier des contribuables puisse se rendre compte de l'obole qu'il a fournie pour les besoins de l'Etat.

Il n'y a, nous le répétons, qu'un gouvernement au monde, capable de favoriser ces conditions de réforme avantageuses au plus grand nombre ; c'est celui du pays par le pays, celui où deux éléments dominent dans la société : le bon sens et l'esprit public ; en un mot, c'est le gouvernement républicain. Tout autre gouvernement, appuyé sur des principes diamétralement opposés, cache des instincts rétrogrades sous des formes plus ou moins batardes, plus ou moins constitutionnelles, et un jour ou l'autre, des révolutions nécessaires le renversent, et exposent de nouveau la société à des crises qu'il faut, avant tout, éviter, parce que c'est encore, en dernière analyse, le peuple qui a le plus à en souffrir. Nous avons le gouvernement républicain ; les deux éléments de bon sens et d'esprit public ne nous manquent pas ; seulement il faut les développer ; sachons conserver les beaux droits que nous avons conquis, et ne risquons pas de les perdre en nous exposant à de nouvelles révolutions.

J'ai dit : il ne me reste plus qu'à m'excuser près du lecteur de l'avoir entretenu si longuement, et à lui rappeler une dernière fois, ce que j'ai essayé de prouver dans une suite de déductions naturelles et logiques,

A savoir :

La première cause de nos maux, c'est l'ignorance (1) : elle engendre la division et la cupidité et marche avec la peur, la malveillance et l'anarchie ; sa résultante unique, c'est la misère.

Le remède le plus sûr contre l'ignorance, c'est l'instruction ; mais il faut, avant tout, constituer l'unité nationale en nous ralliant tous à une grande et même idée : *il est un Dieu !* s'il est un Dieu, nous ne pouvons nous soustraire à son influence ; l'influence de Dieu, sur la terre, se traduit pour nous, en belles lois générales que nous sommes appelés à subir.

Lois de *solidarité*, de *perfectibilité* et de *progrès*.

Si l'action de Dieu se traduit en lois générales, celle des hommes se traduit aussi en lois et en formes gouvernementales, qui ont surtout pour but, de faire respecter les lois générales qui nous gouvernent, faute de quoi, on s'expose à des malheurs d'autant plus cruels que c'est le plus grand nombre qui doit en souffrir.

Tous les pouvoirs ou gouvernements peuvent se diviser en deux grandes classes : pouvoir électif, pouvoir héréditaire ; ce dernier a *accompli sa mission ;* ce n'est plus une arme providentielle, il nous livrerait à de nouvelles secousses, à des révolutions sans fin.

Le second, c'est le pouvoir électif, c'est la démocratie ; c'est-à-dire : le consentement général donné aux lois éternelles de s'exercer le plus librement possible, à l'abri de toutes ces résistances que soulèvent les préjugés, les erreurs et l'égoïsme ; c'est la démocratie qui préparera à l'humanité une marche, à la fois,

____

(1) Ce sont encore des ignorants ou des gens de mauvaise foi qui propagent ces théories sauvages et absurdes, qui mettent en question les bases fondamentales des sociétés, et leur milice se recrute dans les rangs malheureusement trop pressés d'autres ignorants,

pacifique et progressive. C'est donc à elle , c'est à la souveraineté nationale qu'appartient l'avenir !

Son expression politique, c'est le gouvernement républicain.

Hommes , si vous voulez être conséquents et heureux, soyez républicains. Mais rappelez vous que, quand un peuple veut être libre , et prendre pour devise celle de notre jeune République : *Liberté, Egalité, Fraternité,* il faut demander à tous les honnêtes gens comme conditions vitales d'une société nouvelle : de l'union, du bon-sens, de la volonté.

Sans union, point de force ; sans force, point de démocratie ; sans démocratie, pas de progrès.

Il faut également du bon-sens ; sans bon-sens, point de salut ; enfin , on est en droit d'exiger de chaque citoyen une activité nécessaire pour assurer le succès de la bonne cause. Il faut à tous un peu de cette volonté énergique, indispensable à ceux qui veulent le bien et rien que le bien.

Alors cette société est forte, et peut jurer aux pieds de l'arbre de la liberté de proclamer, à la face du monde, les vérités éternelles destinées à féconder l'avenir , et elle peut également promettre de combattre les abus et leurs défenseurs.

Elle doit, aussi, se rappeler que son but n'est pas d'imposer, mais de diriger ; qu'elle ne doit exclure de l'association que les perturbateurs et les gens exclusifs eux-mêmes ; qu'en conséquence, elle doit faire appel à toutes les opinions qu'elle peut espérer voir se fondre un jour dans les vérités révélées par la Providence, dont les intentions sont formulées par la marche même des évènements.

Mais, si elle venait à s'écarter de la ligne droite tirée entre ces deux points de départ et d'arrivée : le bon-sens et la Liberté ; si elle oubliait, que les principes seuls sont appelés à gouverner l'humanité, et que la puissance est dans le principe, fut-il représenté par un seul homme, car cent mille hommes ne peuvent pas prouver contre un seul qu'un cercle est carré, elle ne toucherait pas au but où elle doit arriver par la force des choses, si elle comprend sa mission.

Pénétrons-nous bien de ces vérités, et rappelons-nous toujours que, derrière les principes, s'organisent les véritables sociétés humanitaires, et que derrière les individus, s'organisent les coteries. — Rappelons-nous que les véritables sociétés sont appelées à jouer un rôle providentiel dans la marche des événements, et que les partis exclusifs ne sont qu'un méprisable instrument au service de quelques intrigants plus ou moins tarés dans l'opinion.

Répudions, à jamais, ces dangereuses influences personnelles qui, en nous éloignant du but, nous feraient manquer à un devoir sacré, à l'apostolat républicain, et compromettraient l'avenir de la République, si Dieu avait permis aux hommes de se soustraire à l'influence qu'il exerce sur les événemens.

Répudions toute solidarité d'action avec ces gens égoïstes qui rapportent tout à eux, et ne voient dans leurs succès qu'une heureuse intervention des choses extérieures destinée à les élever au-dessus de leurs semblables, au lieu de se considérer comme des instrumens dont la Providence se sert pour arriver à un but humanitaire, c'est-à-dire : Pour travailler au bonheur commun.

Que l'étendue de l'horizon ne nous effraie pas, que les difficultés ne nous repoussent point ; il est, en politique comme en physique, un centre de gravité, et, de même qu'on voit des hommes soulever des masses énormes, par la connaissance qu'ils ont des lois de la pesanteur et de ses applications, de même on en voit d'autres ébranler l'univers en se saisissant de l'idée qui est la résultante des forces actives du siècle, le véritable centre de gravité du milieu moral où ils vivent ; ce qui nous semble impossible, aujourd'hui, peut être une évidence demain.

Ainsi, ne désespérons jamais et n'oublions pas cette première des vérités : Que le salut de la Démocratie est dans l'union des démocrates honnêtes comme le salut des peuples est dans la démocratie.

Soyons unis et nous serons forts, et une République grande

et généreuse nous dotera d'institutions qui assureront à tous : du bien-être matériel, un perfectionnement moral et de l'avenir.

Nous aurons des générations qui, par leurs vertus et leur intelligence, se rendront dignes du seul gouvernement qui convienne à des hommes : le gouvernement républicain. Mais, pour arriver à ce résultat, il nous faut de l'union, du courage et de la volonté ; prenons pour appuyer notre politique, la morale qui s'appuie sur le droit et non celle qui s'appuie sur l'intérêt.

Citoyens d'une République une et indivisible, restons unis pour défier ses ennemis.

N'ayons qu'une pensée dans l'esprit, qu'un sentiment au cœur, qu'un but dans nos démarches : la République ; que nos yeux demeurent fixés sur son drapeau, respectons-le, ne portons pas sur lui des mains liberticides pour nous en disputer les couleurs, la République serait perdue.

Non, le peuple Français ne trompera pas nos espérances ; non, cette masse intelligente appelée à donner ses idées au monde entier n'ira pas manquer à sa mission, elle restera une et démocratique. Les provinces qui sont le cœur et les membres de la France, marcheront avec Paris qui en est la tête ; Paris, noble ville qui nous a donné cette République que nous devons consolider.

Voilà le but et il n'y a pas trois chemins pour y arriver, ni trois partis qui puissent sauver la France ; il n'y a qu'un chemin, c'est le plus court ; qu'un parti, celui des honnêtes gens et du bon-sens ; celui de l'ordre et de la Liberté ; celui du progrès qui est la loi de Dieu ; il n'y a que ce parti, comme il n'y a qu'un Dieu !

ERRATUM.

Page 15. *ligne* 28, au lieu de : à tout prin, *lisez :* à tout prix.

www.ingramcontent.com/pod-product-compliance
Lightning Source LLC
Chambersburg PA
CBHW061444050726
47593CB00004B/1468